U0066708

you ready?

JOURNEY OF A DECADE

夢想 這條 路踏上了
跪著也要 走完

A LETTER To past , present, future FROM ME   Peter Su

序

回想當初寫下這本書的契機，是因為父親剛生了一場大病，我想寫一封鼓勵他的信，只是我從來沒想過，這封信一寫就寫了十年……

十年，這個詞聽起來似乎有種埋著伏筆的儀式感，它像是一場旅程結束與開始的交會點，如一鏡到底的長鏡頭電影，故事裡的情節沒得重來，每一次的獲得與挫敗都是必然。我們只有在抵達交會點時才能回首從前，並試著理解原來過去這一切的發生，都是為了給此刻的自己最好的安排。

就如同正在寫下這段文字的我，和閱讀這本書的你。

在整理這本書的重編資料過程中，我無意間在 facebook 上找到一篇十年前的貼文（和我寫這篇序的時間相差無幾），當時在出版前，我在社群平台上發起了一個「寫給十年後自己的一句話」活動，那時候的我在照顧家人的生活中疲於奔命，對於未來不敢有太多的想像，於是在社群寫下一句又一句的正能量話語，給那個也渴望被擁抱的自己。我讀著活動貼文底下那好幾百個人，陪著我一起寫下的給十年後自己的一段話，同時我也完成了這本書，就這樣連同那份陪伴一起寄給了十年後的我們。

其實，我並沒有想過，十年後的我們真的能一起收下當年寫給自己的這段話，當我重新閱讀這本書時，我依舊記得踏上創作這條路的初衷——一封寫給父親的信。即使沿途布滿荊棘，可我一直都知道，給予我力量的並非只有

FOREWORD

我自己，那些我為心愛之人的付出，和我對愛我的你們堅持不懈的信念，全是灌溉我成長的養分。十年前寫下這一封信開始，我成為了一個名為 Peter Su 的模樣，途中，我曾問過自己，Peter Su 是誰？也曾隨著陌生人的討論和留言去臆測，Peter Su 是我，還是你們眼裡的我？

總是不夠聰明的我，選擇了最簡單的方式，將一路上反覆解題的自己記錄下來，一字一句的寫下感受，這世界的答案或許有千百萬種，慶幸的是，我找到了屬於我的那一個。它成了陪伴我走過每次風雨的堅定信仰，一個名為「我自己」的力量。

如今我才明白，那個曾讓我好奇的人們所說的 Peter Su，有很大一部分也是因為你們而存在，所以我想親自和你們每一位說聲謝謝，謝謝這一路陪伴我走過的每一個你。

這是一封即將完成的信，我花了十年的歲月來寫，我想把它獻給我的父親、家人、朋友，還有這一路陪我走過的你們。

十年這個交會點，或許是個看似結束的階段，卻也是個準備重新開始的篇章，如同我們的人生旅程，是歸航，也是啟航。

CONTENTS

目錄

臺灣・人生就像旅行

南非
夢想的展開

愛上南非，你只需要看上她一眼。

SOUTH AFRICA

旅行就像一種戒不掉的癮，踏上了就是一輩子。

流浪

有時在這如同大海般的人生裡，唯有不掙扎，你才能隨波漂浮至那塊浮木。
最後慢慢地，我們會發現生活其實就像海浪，我們用盡全力抵抗它的時候很可能會遍體鱗傷，
但當你縱身投入、隨波逐流時，反而能從另一頭安全游出。

回憶起當背包客的那年，從南非流浪回到了臺灣，當時情緒很滿、思緒很滿、獲得的很滿，電腦的記憶體也很滿，因為拍了六千多張照片。

一個潮濕悶熱的下午，獨自一人站在陽台上，望向眼前竹林般錯落的大樓，街上的阿婆依舊帶著小孫女在公園裡玩耍，彷彿我從未離開……這一趟冬天的南非之旅為我生活留下了許多的伏筆，讓我決定夏天再回去，再一次橫越那無人公路，再一次遙望那不著邊際的平原。我一直在思考，該用怎樣的方式分享這趟旅行，並納悶著我該怎麼整理我所遇到的一切，答案是「太難！」

文字將南非那廣闊侷限得太狹小，每次字打到一半總覺得窒息，深怕自己找不到最恰當的形容詞來描繪我所見到的畫面。在我試著記錄的第一晚，就這樣草草決定先將它擱置在心中，最後只寫下了這段話：「旅行的美，不在於造訪了多少著名的景點，而是『能有一段流浪的時間』，隨著感覺到處走走，望著眼前的畫面發呆，或是在小巷裡迷路，看見當地人們為什麼事而感到幸福快樂，那一刻，你會更確定自己想要追求什麼樣的人生。」當你開始把旅行當做一場流浪時，你將會感受到旅行的意義。

一輩子最好的旅行，就是在一個陌生的土地，找到失去已久的感動。

一個人上路，自由自在，沒有牽絆，背上包，帶上自己，有多遠就走多遠。

當你一個人走路跌倒時，旁邊沒人，所以你不會抱怨，你會站起來繼續走。

不管傷有多痛，你也會靠自己的辦法撐過。

相同的，人生是自己選的，不管路有多遠，即使以後會跌倒，會受傷，也都
要學會自己承受，自己療傷。

因為我們都是這樣，才學會長大的。

給自己的一封信

The course of life never did run smooth.
人生的道路永不會是平坦的。

如果我們曾對生活感到疑惑，可能會發現其實生命本身是一道無解的題。你的、我的，或許不同，有衝突、有排斥、喜歡，甚至反被吸引，但也正是因為這樣，每一個人給出的答案不一樣，才讓這個問題有了意義。

無論我們走在哪一條路，都將是一種領悟。有時候走得太久，會忘了自己當初為了什麼而出發，走得太累並不是因為走得太遠，可能是背負得太重；感覺疲憊的時候，途中總會有一些人、一些事，和一些聲音悄然地出現，提醒著你，要堅持下去。究竟可以走多遠，我們都不知道，所以在迷路時只能不斷地告訴自己，想想當初自己是為了什麼而堅持？放棄並不比堅持容易多少，只是比較方便而已；堅持並不比放棄困難多少，只是不願改變而已。成長的路上，不僅是距離，更是一種經歷；而夢想其實不是一段距離，而是一種決定。

如果說人生中總有一段路需要一個人走，那就一個人，勇敢地走完。人生最精彩的不是抵達夢想的瞬間，而是堅持走在夢想道路上的過程。有些路不走，你永遠不知道會有多美，所以還是繼續向前走吧！

The minute you think of giving up,
think of the reason why you held on so long.

在你想要放棄的那一刻，想想為什麼當初堅持走到了這裡。

Don't give up on your dreams! The beginning is always the hardest.

不要放棄你的夢想，開始總是辛苦的！

我們因為願意相信，所以敢去嘗試！

不要害怕心中的念頭，如果是夢想就勇敢去做！

不管是愛或夢想，有時候不是看到了才相信，而是相信了才看到！

最美的公路

背上包包，走上旅途，任性一次，
多年後，照片裡會記下一種叫做青春的東西。

夢想這條路踏上了，跪著也要走完

「來了這麼久，臺灣的工作還可以嗎？」朋友問著。沉默的我望著眼前這條彷彿沒有盡頭的公路，開始思索著。忙碌的時候好像時間沒有盡頭，人生究竟有多長？又會有多短？沒有人知道，如果明天自己就要因為意外離開這個世界，那我們會不會為了沒做的事情而深深懊悔？趁年輕的時候，還有膽量裝瀟灑、有本錢耍個性，離開那喧鬧的城市，逃離身邊的紛紛擾擾，找一個可以讓心裡安靜的地方，讓自己變得乾淨透明，然後拍一些感動得想哭的照片，寫張明信片寄給未來的自己。但大多數的人是不是都習慣了將心裡的那份渴望藏起來，塞在一個不起眼的角落，任憑自己像個風乾的軀殼失去那原本充滿生命力的靈魂，一直到碰撞上離合的瞬間，想誠實地面對自己，才發現原來什麼事都還沒做，自己卻早已走了那麼遠。

會快樂嗎？我不知道，但如果連自己想做的夢都違背了，那這輩子是不是並沒有真正地為自己好好活一場？

起身吧！一刻都不嫌晚，只要你願意。

我們都以為扛在肩膀上的生活是勇氣，
但其實能去過自己真正想要的生活，往往更需要勇氣。

無論如何，去旅行吧！如果一年三百六十五天都是反覆過著相同的日子，怎麼會知道什麼才是自己想要的人生？

角度

旅行的意義是什麼？
我們不斷地在探討，其實我也摸不著頭緒，
但我知道在旅行的路途上，如果你願意換個角度欣賞，
你會驚豔眼前的風景如此動人。

大部分的旅客來到南非，行程必定少不了野生動物園（Safari），但如果你也和我一樣想要為地球多盡一份力，那一定要造訪我接下來介紹的野生動物收容保護區。南非狩獵傳統悠久，近年來商業狩獵更成為一種迅速增長的產業，主要是提供來自世界各地的富人們前來尋求刺激的遊戲。

隨著狩獵風氣逐漸壯大，越來越多的非法狩獵野生動物案件，導致許多動物從小就失去了父母親。在收容保護區裡的動物，全部都是從小被救回，並在專業人員的細心照顧下長大。被救回的動物們會先暫時安置在康復中心，在生理與心理調適好的狀況下，才會被帶至圈養的保護區。而遊客參觀購買的門票將會幫助到所有被救回並暫時安置在康復中心的孤兒們。園區內的志工會非常細心地向你解說所有的故事。

在這裡，人們不僅學會尊重生命，更懂得要愛護地球。

城市讓我們害怕寂寞，所以在不斷尋找快樂的同時，

也忘了那個最初的自己。

ATLANTIC OCEAN

非洲最南端 · 厄加勒斯角

愛上南非，你只需要看上她一眼。

網路上有許多資訊會告訴你非洲的最南端是好望角，或許因為它是著名的旅遊勝地，恰好也在開普半島的盡頭處，所以許多人在介紹這個地方時就會冠上「非洲最南端」的稱號。但其實非洲真正的最南端並不是好望角，而是距離好望角約一百五十公里的厄加勒斯角，印度洋與大西洋的地理分界線也在這裡。

這裡或許沒有好望角帶來的震撼視野，但是當你靜靜地坐在石礁上，感受自己正坐在這個巨大板塊上的最南端時，你會感覺自己彷彿正在和這個世界連結。也許你和我一樣，喜歡去一個沒有太多人，也沒有人認識自己的地方旅行，因為那一刻你可以好好地與自己相處；或許你也會在獨處中驚覺，旅行的意義其實是發現，生命其實是為了自己而存在，它是一種樸素而自然的事情，不是在眾人面前的炫耀或展示。

世界讓我們認識了它，也認識了自己。

U IS NOU OP DIE MEES
SUIDELIKE PUNT VAN DIE
VASTELAND VAN AFRIKA
KAAP/CAPE L'AGULHAS
YOU ARE NOW AT THE
SOUTHERN-MOST TIP OF THE
CONTINENT OF AFRICA

INDIAN OCEAN   ATLANTIC OCEAN

旅行，為了遇見風景，也為了遇見驚喜。

旅途中，有些路一定要走，走錯了無所謂，至少多看了一段風景。

任何事都一樣，不要後悔。

如果好，那很棒；如果不好，那就當做一段經歷吧！

遇搶記

旅行的樂趣就在於它沒有定律。
不一定全都美好，但只要是你的人和心都在體驗，
事後想起來，都是生命中無可取代的。
這就是旅行最讓人著迷的地方。

人家說一定要記住第一次旅行的感覺，因為那可能會是你旅行生涯中最快樂的一次。要將那一路上的好奇與單純保持著，才不會在爾後的旅程中遺失。於是就在我滿懷期待地踏上人生第一趟旅程時，遇上了我這輩子永遠不會忘記的「搶劫」。

到了開普敦，朋友的家人不斷地叮嚀我當地的治安混亂，要我們一定要注意自身安全，朋友看起來似乎有點擔心，但是對於第一次旅行的我，完全感覺不到絲毫的危險，所以不管去哪，我都是帶著背包客的心情在探索。於是就在一天早上，我們在參觀完市區的教堂，沿著人來人往的大街準備前往美術館時，我忽然察覺到前面有個大約一百九十公分高、似曾相識的黑人，我們後面也跟著一位同伙，這時我朋友小聲地跟我說走快點，就在我們準備加速前進的時候，前方黑人停下腳步直接將手搭在我朋友的肩上，後方的共犯也同時往前圍住我們，個子高大的黑人將口袋裡的刀頂著我朋友，告訴我們把身上所有值錢的東西交出來，當下我不知道哪根筋不對，竟然很冷靜的用中文告訴我朋友：「可以不要給嗎？」朋友只回了：「不給，我們就一起死在這。」於是我還是將口袋裡所有的現金都掏出來給他。

發生的當時，我其實沒有很驚慌，但恐怖的是後來我們無論走去哪，我總感覺路上有好多虎視眈眈的搶匪，一路上我沒有說太多話，感覺整個城市陷入一片沈寂中。

人生中所遭遇到的困境常常會讓生命顯得更可貴，不過，當我們戰勝了不好的遭遇，克服了恐懼，相信在未來的人生當中，將會更有能力去承受困難與打擊。無論是好的、壞的，事後回想，它終究會是生命中無可取代的。

被搶後的一張自拍紀錄

生活中值得高興的事情太多,別把目光緊盯在那些讓你不愉快的事情上。
就算沒有華麗的包裝,生活它依舊是一份最動人的禮物。

在我的生活裡有兩種人，
一種是邊走邊準備，一種是準備好了再做，我想各有好壞吧！
對於我來說，生活它無法被準備，所以你只有不停地犯錯，然後再改進，
無論你現在在做什麼事情，當發現方向錯了，停止就是進步！

凡事做就對了，想了一千次，你不邁開那一步，將永遠無法前進。
不要害怕錯誤，因為有時候所謂的失敗，
在人生的道路上是非常重要的過程。

生命中的奇蹟

你相信夢想，夢想自然就會相信你。

是否曾經因為某一個瞬間或某一次的流淚，在那一刻我們覺得自己長大？

經過了時間的洗禮，有一天，我們忽然發現，原來長大所包含的除了勇氣和堅強之外，還必須付出某種程度上的犧牲。在生活的面前我們都還只是個孩子，或許我們從未長大，也還不懂得這世界想要告訴我們的祕密，也或許那些能被預知的生活對我們來說毫無意義。你只能無所畏懼地去接受生命中所帶給你的好與壞，去承受這社會所為你定義的「成功」與「失敗」。

有時候某個階段的失敗，並不代表你浪費了時間和生命，而是讓你有機會可以重新開始。瞇著眼看局部對你來說可能意味著失敗了，但是張大眼睛放大範圍看時，這不過是你人生中的一個小環節罷了。生活有時候並不像電影裡頭的情節那麼浪漫，人生只有一次，沒辦法倒帶。所以能清楚知道自己的夢想是件很重要的事，而能去實踐夢想是件幸福的事。

在生活這條道路面前，努力追逐的不是成功，而是期盼看到生命中的奇蹟。

人生就像大海，如果沒有與暗礁碰撞起的浪花，就會失去了那原有的壯觀，
生活如果僅求一帆風順，也將失去了存在的魅力。

真正幸福的人，只看得到現在，不在意過去，也不奢求未來。

幸福與夢想

生命如果說是一次遠行，對於那未知的旅途，你的腦海裡可
能有一千幅畫面，但都必須先從邁開你的第一步開始。

這一路上可能多多少少都會改變你，但如果你銘記著自己的
方向，世界肯定會為你開路。

夢想這條路踏上了，跪著也要走完

生命的旅途中，我們忙著長大，卻弄丟了單純；忙著賺錢，卻忘記了夢想；忙著成功，卻錯過了風景；忙著辯解，卻逃避了成長；忙著計畫，卻忘了當下。很多人對於幸福的價值建立於 ——「生活可以帶給我什麼？」一昧地追求著那被比較過後的幸福，卻忘了，其實任何一切寄託在自身以外的幸福都只是暫時的，它可能是一天也可能是十年。但這一生是你的腳在踏著，幸福，應該是由靈魂最深處所滋長的一種力量，一件只和你自己有關的事情。

我們每個人的一生只有一次，會不會有下輩子我不知道，但我知道，這一生走不了第二次，每一段記憶，每一段旅程都是生命中無可取代的限量版。試著走慢一點、感受多一點，不要急，因為你有的是時間。跌跌撞撞的路上可能會產生千百次放棄的念頭，但請你一定要記得，推著我們前進的是挫折，帶領我們前進的則是夢想。

有時候，不要把事情看得太重，
對於人生的天空裡，它不過只是那點點星光；
而對於生活的海洋中，
它也只是汪洋裡的一道小浪花。
要想幸福一點，心就要簡單一點；
要想灑脫一點，對生活要求就簡單一點。
一個人的價值，不在於與他人多麼相同，
而在於你和別人如此不同。

「漂亮如果有祕訣，那就是好好愛自己。」

夢想這條路踏上了，跪著也要走完　　　　　　　　　Peter Su

其實所有的情緒都是自己給自己的，不管你的地雷再多，

也是你替自己設定一個讓自己爆的點而已。

人生還有很多事情，

每天糾結在這種小小情緒中，只會讓自己的格局越變越小。

人不是因為笑而快樂的，而是因為快樂了才笑。

今天又要結束了，再怎樣都要笑一下，因為明天將會是嶄新的一天！

南非・笑容

無論到哪個國家旅行，我總會試著拍下陌生人的笑容，
因為它會提醒著你，其實快樂就是這麼單純。

我是一個很愛笑的人，我也很喜歡愛笑的人。微笑就像是生活中的必需，它是一種會傳染的表情。不知道從什麼時候開始，我習慣在旅行途中記錄我所見到的各種笑容。有時候，活在城市裡太久的我們，也會因為生活中太多的碰撞而忘了最初的單純，甚至記不太起來上次發自內心大笑是什麼時候了。

然而在旅行的途中，無論你見到了多少人，又或者看過了多美的景色，最美的風景還是敵不過當你走著走著，不經意的在某個際遇下，忽然看見了一個陌生人的笑容。那一刻，它會提醒著你其實快樂就是這麼的單純。有一句我很喜歡的話，共勉之 ——「Using your smile to change the world. Don't let the world change your smile. 用你的笑容去改變這個世界，別讓這個世界改變了你的笑容。」

一起來做個開心的人，開心到別人看到你也會變得開心吧！

瑞典有一句諺語 ——

「無論你轉身多少次，你的屁股還是在你後面。」

是什麼意思呢？就是無論你怎麼做，都會有人說你不對。

若能明白這一點，聽到跟自己相反的聲音，

不要讓沮喪、惱怒左右你的心情，而應覺得這很正常，

反而，如果沒有這些，才不正常。

我們只要做自己，

因為在意你的人不會介意，而介意的人，你完全不必在意。

清邁
一個人的旅行

追逐幸福的蝴蝶

CHIANG MAI

旅行就像是喝了一杯毒藥，唯一的解藥就是出發！

出發前的日記

每個人的生命都只有一次，所以無論如何都要去做自己喜歡做的事、
去自己夢想去的地方、幫助需要幫助的人。
就把它當作是你人生中最後一次的任性！

距離前往清邁擔任義工的時間只剩不到二十四小時了，明天一大早的飛機，
到現在都還在趕工作，行李也還沒打包的我，心裡一方面期待、一方面也好
緊張！擔任義工這件事情，一直是我人生中的一個小小夢想，沒有想到它現
在離我如此的近！有一句話說：「人的一生至少要瘋狂一次，無論是為一個
人、一段情、一段旅途，或一個夢想。」對於愛旅行的我，希望為任何一段
旅程添加更有意義的事，是我一直在追尋著的。生命就像一場遠行，我們完
全不需要準備，花了一生所追尋的答案，其實都在路上而不在盡頭。只要用
心聆聽、感受，不要害怕成長過程中所帶給你的挫折和困難，如果這只是一
趟單程旅行，那就勇敢地走下去。

一無所知的世界，路途中才會有驚喜、夢想與希望，是棲息在靈魂中一種會
飛翔的力量。就讓我們一起把愛帶到這世界上那個人們沒注意到的角落吧！

人生最寶貴的不是你擁有的物質，
而是陪伴在你身邊的家人、朋友。
不要盲目地追尋那個不屬於你的東西，
無論近或遠。

獨一無二

Try not to become a man of success,
but rather try to become a man of values. —Albert Einstein

不要為成功而努力，要為作一個有價值的人而努力。—— 愛因斯坦

對我來說，在這個充滿著愛與恨，也幾乎是半透明的世界裡，每個人都同時扮演著公眾人物和觀眾這兩個角色。在公眾人物這個角色裡我們所散播出的訊息、說出口的話、傳遞分享的故事，都有可能感動任何一個人；而在觀眾這個角色裡，我們則一直在追尋著一段產生共鳴的文字、故事，一幕幕可能感染你心情的畫面，甚至是一個懂你的人。無論你在這個世界上選擇用什麼樣的方式發光，記得你就是你自己，你不用擔心他人的評語，因為總是會有人和你產生一樣的共鳴；我們不用是俊男美女，我們只要做一個有存在價值的人，把擁有愛的東西分享給其他人就好了！

每個人都有自己的獨特，都有屬於自己的光芒，如何發光需要靠你自己來詮釋，要相信，你是獨一無二的。

因為夢想

所以遠行

翅膀

心就像是一個人的翅膀，你的心有多大，這個世界就有多大。

走過了幾個地方，路上遇過了各式各樣的人，但始終無法忘懷的還是清邁山區那群小孤兒們眼睛裡的神采所帶給我的震撼，那種赤裸裸的散發出他們心中的真。我經常在想，很多時候，真正制約我們的，或許不是身處的環境，也不是別人異樣的眼光，其實是自己。

如果我們不斷地在乎別人怎麼看自己，我們只會一直是別人眼中的奴隸。如果不能打破心的枷鎖，即使給你整片天空，你也找不到自由的感覺。別人怎麼看你，其實一點都不重要，真正的價值，是在於你怎麼看你自己，沒人能主宰你的幸福，除了你自己。一個人，若不能瞭解自己，生命對他來說是一種懲罰。所以，試著一個人去旅行吧！或許與自己獨處的時候，可以聽到自己的聲音，它會告訴你，這個世界其實比你想象中的遼闊。

也許走著走著，你會發現自己原來也有一雙翅膀，不必經過任何人的同意就能飛翔。世界那麼大，生命這樣短。

無論你現在遇到了什麼風雨，要去相信那只是彩虹的前奏。
雨過天晴後總有彩虹，看見了嗎？

追 逐 幸 福 的 蝴 蝶

在這個國度裡，來自世界各地的夢想碰撞在一起。城市裡的人，想回到夢想裡最初的單純；單純的人們，渴望著城市裡的夢想。

原來，我們不是不幸福，太多時候，我們只是在追求別人眼中的幸福，而忽略了那個早就專屬於自己的幸福。

在聊天的過程中，試著與小朋友們聊了幾句正面的人生觀，並問了他們心中的夢想是什麼，他們普遍都回答想去大城市生活、工作。有些小朋友想當歌手，有些則想當舞者，但有個小男孩的回答至今依舊在我腦海裡揮之不去，他告訴我：「如果我是一隻蝴蝶，我會自由自在地，飛到任何我想去的地方。」

休息時，我不禁思考著，我們以為逃離了城市的囚籠，但卻來到了這座困住他們夢想的世界，他們所嚮往的，竟是我們所來自的那千里之外的喧囂城市。那一個下午，關於幸福，關於夢想，我默默地重新思索著。

無論路再遠再長，無論走或跑，無論你背負著多少，
想哭，也要邊走邊哭。
因為你知道，不能停。

一個人旅行，戴上耳機，沉浸在只有自己的音樂世界裡，
遠離所有生活中討人厭的事。

悠哉的城市

在這個資訊隨手可得的時代裡，如果你不出去走走，
你永遠無法親眼看見外面的世界有多美。
我想，這就是旅行的意義吧！

我喜歡清邁，不知道為何它讓我想到台東，真的如大家所說，清邁是很悠閒
自在的一個地方！這裡有很多寺廟，非常的清靜，如果你願意從不同的角度
去細細品味，會發現這裡的每個角落似乎都有它專屬的靈魂，此刻，無論是
大地、一花一草、旅客還是僧侶，都有他們存在的意義，好像一切都是那麼
的順其自然，沒有勉強的存在。就像那些你曾以為是生命中的注定，可以陪
伴你心靈的那個人，往往只是你人生中匆忙走過的旅客，而那些不經意出現
在你那沒有注意過的漫長日子裡，並給你驚喜的人，或許才注定會留在你的
生命中。

無論最後，走到這世界上的哪一個角落，都要想起此刻的勇氣，重新微笑、
面對生命中所帶給你的每一個驚喜。

每次在機場轉機的時候，都可以明顯感受來自世界各地旅客匆忙的腳步，
這一刻不分膚色、語言、性別，只剩下文化。

無論我們走在哪一條路，都是一種領悟。

這沒人注意過的一天

很多人問我旅行的途中到底什麼才是最重要的？

其實無論哪段旅程，對我們來說或許都有著特別的意義，

經歷了一路上的喜怒哀樂，才能懂得珍惜生命中每一刻的美好。

在每一次旅行的開始，總會有很多的情緒在心中萌芽，經過了一路上陌生風景的灌溉，在快結束時，心中那個念頭也就茁壯成形。旅行開始時的想法經過重新思考後，組成了一些簡單有趣的人生旅行道理。旅行途中，不知道你是否也和我一樣，喜歡站在人來人往的忙碌街頭，享受那個無人認識的一刻，彷彿這是一個沒人注意的一天，所有的人都還是在為時間而賽跑，當你看著眼前的一切，你會感覺到內心其實是平靜的。

這個世界很大，年輕時總是走得很快，急著獲得，再又匆匆上路；後來才學會體驗過程的意義，旅行也是如此。我們漸漸地不再迷戀景點和特定國家，而是學會了停下腳步欣賞，體會內在的靈魂。最後，透過了旅行重新認識自己。

有些事，只能一個人做。

就像旅行，只能一個人慢慢地走，慢慢地欣賞，

才能在這樣的旅行中找到另一個自己。

生命的路程中我們都在學習接納，接納好的、壞的、來的、去的。

這一輩子，你接納了多少，就得到了多少。

愛你的人如果沒有用你希望的方式愛你，並不代表他們沒有全心全意愛你。
對他人放寬心，也就是放過你自己。

義工之旅

朋友，去旅行吧！這世界總有一道風景能讓你靜下心來，
那一刻，你會發現，這個世界能給你的，比你想像得還要多。

其實這次來清邁擔任義工，我並沒有準備任何的東西，我只是帶了一把吉他以及交出了百分之百的自己，我用力地陪伴著他們，試著處在他們這樣的年紀，跟他們説些正面的人生觀，鼓勵他們建築夢想，要永遠相信自己！今天一直到了要唱歌前我才決定曲目，我想其實唱什麼或做什麼已經沒那麼重要了。活動結束後，我將手上的飾品拆下，並一個一個幫所有小朋友戴上，可能在城市裡，你會想這個手鍊值多少錢？又或者在哪裡買？這手錶又是什麼牌子的？我只告訴小朋友這些是帶給我幸運的鍊子，所以我想要他們好好的留著。對他們來説，這是什麼牌子可能並不重要，物品的價值是多少也不重要，重要的是它在你心中的價值以及意義，這些我們其實都懂，但早已習慣生活在這繁榮城市的我們常常就是做不到，不是嗎？

小朋友在戴上了鍊子後，開心地互相展示，並抱著我説了聲謝謝。但我想要說的是，你們真的不需要謝謝我，因為該說謝謝的人是我，雖然你們生活在稍微貧困的環境，沒有擁有那所謂符合社會期待的家庭，但你們的靈魂是富有的、笑容是快樂的、生活是充滿著生命力的，我真的非常榮幸能有這樣的機會出現在你們的人生當中！無論未來我們將身處在世界哪一個角落，只希望你們在看到手環時還能想起我的臉，一起朝著夢想向前跑吧！

夢想兩個字簡單不簡單，只有三個祕訣：勇氣、堅持、初衷。

踏出的第一步需要勇氣；一路上來去的風景、遭遇到的折磨需要堅持；

在你快到達夢想的路口時，要記得當初踏出第一步的勇氣與初衷。

夢想這條路踏上了，跪著也要走完。

我們都知道前面的路還很遠，你也許會哭，但是答應自己，
無論如何一定要一直走下去。

夢想的定義

明天怎樣,沒人知道,生活本是一次瘋狂的旅程,沒什麼是確定無疑的。

這趟充滿著愛的旅行,彷彿就在昨天!抵達臺灣後,地球依然繼續運轉著,城市裡的人們依然繼續走著,所有的事情一如往常地在進行,時而歡喜也時而感嘆著這種每次旅行結束時所帶來的情緒。

對於這一路上經歷的風景,百感交集的我有時實在無法簡單地用文字一字一句的寫下來,我想,或許真正的旅行其實是一種生活態度吧!不在乎目的地或是停留時間的長短,單純的離開你現在熟悉的環境去那陌生的世界探索,體驗著那從未有過的人生,你甚至無法預測明天會遇見誰?又有怎樣的對話?路上的一切都是未知數,這就是旅行最大的價值所在。當重新詮釋過生活後會發現,當初以為自己懷抱著夢想出發,回到臺灣後才發現是這趟旅程重新賦予了夢想這兩個字的意義。原來,我並沒有抱著夢想出發,而是我終於帶了夢想回來。

當你停止拿著別人的地圖走在自己的人生道路上，
那你的人生才算真正的開始。
朋友，生命太倉促，沒有時間再浪費了。

說 走 就 走 的 旅 行

微笑吧！為你的曾經擁有！

VOLTAiRE TWiNS

FRIDAY 26 JULY
AMPLIFIER BAR

WITH SPECIAL GUESTS

BOYS BOYS BOYS!
GRRL PAL // JACK STIRLING

VOLTAIRETWINS.COM

P A R K E R

#PARKER

ILLY

ON & ON
TUR 2013

TUKA
+ELEMENT

SAT SEPT 28
THE VILLA
PERTH 18+

SUN SEPT 29
PRINCE OF WALES
BUNBURY 18+

RIC
THE
LA

FRIDAY

THE MONARCHY B.B
SALUT BARBU
J'AIMEZ BRUI

TER
ves
CH TOUR

UST 9
BIRD

ER UNION
LAND
VEL

Onra
FRANCE

SUPPORTS:
KIT POP & SPECIAL
GUESTS

SATURDAY
20TH JULY
THE BAKERY

TICKETS AVAILABLE NOW! ENGG NOW!

RUNAWAYS

LIVE FLOORSHOWS
SECO SATURDAY

CHINA
THAILAND
AMERICA
AUSTRALIA

生命好似一段旅途，生活，便是其中的過程。

就像踏入森林裡的牧羊人，一路上我們遇見了同伴，卻又在下個岔口分散。

走著走著，羊群漸漸地變少，是因為一路上我們急於成長，卻丟了自己。

幸運的人，多找回了幾隻羊繼續往前，

害怕的人，背負得越來越多，一路上被修改得面目全非。

一路上得到的，不一定會長久；路上失去的，未必不會再擁有。

重要的是 ——— 讓心，讓靈魂，在痛苦中學會微笑。

願你能找回羊群，微笑地繼續往前。

車上

生命就好比旅行，也許在旅行的途中我們曾經擁有一些東西，
但到最後終究無法將它帶走。剩下的只是那宇宙間的一粒塵埃⋯⋯

每當旅行要結束時，總會試著從第一天開始回想，漸漸地發現無論時間長短，每段旅行總有結束的一天，或許有笑有淚，但終究都會過去⋯⋯人生不也是如此？人生就好像一趟搭著列車的單程旅行，沿途路過的風景再美，過站了，你也無法再搭車返回。

這趟旅程中，最開始陪伴著我們前進的是家人，漸漸地許多旅客逐一的上車並和你坐在同一節車廂，有的輕鬆旅行，有的卻帶著深深的哀愁，還有的在這列車上四處奔波。有些旅客下車時，你對他的回憶無法忘懷，但是也有些人，當他離開座位時，卻沒有人察覺。對於什麼人在何時下車，我們無從得知，這趟列車何時到終點站我們也無從知曉。而幸福的領悟是不是就是懂得在列車上珍惜旅途中所遇到的旅客，並欣賞沿途的美景而不留戀呢？

直到離開家裡一段時間後才發現，原來我們都犯了一個錯誤，
忘了幸福其實就是你現在所擁有的，並不是你正在追尋那不屬於你的東西。
一個人的快樂，不是因為他擁有得多，而是因為他計較得少。

一句「我等你」，不知道需要多大的勇氣。

它遠比「我愛你」這三個字，更需要無比的勇氣。

不是每一個人你都願意等待，也不是所有的人都值得你去等待。

但有天當你遇見了那個人，自然就會發現，

原來，等待不是一種距離，而是一種決定。

愛是一種遇見，幸福自然就會預見。

一個讓人想戀愛的城市

在這一條通往生命旅程的漫長路上，
太多的時候我們在找、在撞、在追，經過了時間的洗禮，
才發現愛其實是一種遇見，不能等待，也不能準備。

一八九七年德國藉機佔領青島，青島淪為殖民地，當時德國大舉進駐青島。
所以在這裡常常不知不覺地以為自己就身處在歐洲的某處，在這被浪漫包圍
著的城市裡，街道也還算乾淨，走著走著，會讓人想要靜下心跟喜歡的人牽
著手在這漫步。隨意停留在一棟丹麥風格建築前的我，讀到了一篇很浪漫的
介紹 ── 傳說一九二九年，丹麥王子來青島度假，因十分迷戀青島風光，
想請丹麥公主來此避夏消暑，所以下令丹麥駐青島領事購地建造了這棟別
墅，但一直到最後，公主始終沒有來到青島，而公主樓的名字卻伴隨著建築
流傳了下來。

青島，真的是一個浪漫到讓人想戀愛的城市。

奔跑在人生前半段最美的不是夢想，而是和你一起追夢的人，
漫步在人生後半段最美的不是經歷，而是和你一起回憶的人。

一個真正快樂的人，是那種即使走錯路了，也不忘享受風景的人；
一個懂得旅行的人，是那種不小心繞路時，也不忘感受片刻的人。
有時候少抱怨，你會看到意想不到的驚喜。

驚 喜

在旅行面前，我們就像個孩子一樣，總有走不完的街道，
遇不完的驚喜，發現不完的故事。

對於經常一個人旅行的我，最喜歡的行程安排就是「沒有安排」，到了一個街口再決定下一條巷口，穿過了馬路再越過一段路口，一切隨著際遇安排，用最貼近生活的方式來感受這城市裡每一個角落的美好。

今天隨意地穿梭在青島街上，沿著一座座歐式建築漫步，突然來到了咖啡街，原來這裡不只有青島啤酒，還有好喝的拿鐵。一直很喜歡旅行時找一間咖啡廳坐著，好好地享受下午的浪漫陽光，因為驚喜它隨時都在來的路上。你們旅行的時候也喜歡待在咖啡廳嗎？

旅行和人生一樣，沒有彩排，每一天都是直播。
你就是世界的主角！

一個人的旅行是一生的養分，
和朋友一起的旅行則是一輩子的回憶。

我其實是一個很不喜歡說再見的人

人生就好像一台前進的列車，沿途的景色再美，你總是要繼續往前，
離開時，你默默地在心中告訴自己，有一天會再回來。
但往往敵不過時間的轉動，曾經邂逅的人事物，終究還是漸行漸遠。

相信你也和我一樣，一路上遇過很多人，並在短短的時間內，從相識到相知，然後道別，無論是在人生又或者是在旅途上。一個人的旅行，常常會在每個落腳處結交上幾位朋友，有些或許跟你一樣也是旅客，而有些則是熱情好客的當地居民。

一路上可能會與你結伴同行，可能會告訴你那些書上沒說的美食，可能會幫助你度過文化撞擊的困境，漸漸地彼此產生了一種共患難的情感，一份難得的友誼。但是自己終究是個旅客，你知道你必須繼續往前，所以每當旅行快要結束時，我總會試著從第一天開始回想，漸漸地發現無論時間長短，每段旅行總有結束的一天，過程中或許有笑有淚，但終究都會過去……那人生不也是如此？如果說人生是一段未知的旅程，那我想每段旅行也或許反映著這未知的人生，最後在你離境的那一天，好的壞的就隨它留在這陌生的國度裡吧！

不要因為生活裡一點點的不愉快，而放棄你的朋友，

畢竟在友誼裡，需要的是真誠，而不是完美。

朋友忽略你時，不要傷心，

每個人都有自己的生活，誰都不可能一直陪著你。

沒有一段完美無缺的友誼。

大家合不合適，都需要雙方有所付出，有所犧牲，彼此去創造。

生活與生存往往只有一線之隔，

你快樂，即是生活；你計較，便是生存。

遇見

旅行時，挑戰的是自己而不是這陌生的環境，
最後看見的是自己而不是這風景。

看見自己，這句話其實很抽象。在旅行的路上，我們不斷地遇見各種人事物，有好的、壞的、喜歡的、討厭的、渺小的、巨大的、瞬間的、長久的，他們可能幫助你抑或是傷害你。

但每個生命中的相遇或許都有它的原因，就看你自己有沒有發現罷了。有天下午，我來到了一間餐廳用餐，招呼我的服務生是一位手腳靈活的小男孩，看起來大概只有九歲左右，話不多，但應答的方式就像個小大人。不知道是不是因為我替他拍了幾張照片，小弟弟開始害羞了起來，把菜送上桌後回到了吧台，他默默地轉過頭來看了我一眼，我的內心竟有了一絲小小的震撼。我不禁思考著，上個禮拜還坐在台北麥當勞的我，看著周遭快樂吃漢堡的小朋友們，比較起來，我們的孩子是多麼的幸福。那一刻，我看著小男孩卻也看見了自己，原來最有價值的遇見，是在某個瞬間，重新遇見了自己。無論此刻，你遇到什麼樣的人事物，又或是有著什麼樣的情緒，記得，相信人，相信感情，相信善良的存在；要開朗，要堅韌，要溫暖的活著；要獨立，要堅強，要勇敢，要活得漂亮；最重要的是讓自己永遠善良。原來一路上也因為遇見了這樣無數的他，才能成就現在的你。

Don't be afraid of the dark. Only in the darkness can you see the stars.

—Martin Luther King Jr.

當你的生活變得黑暗時，不用害怕，因為這樣我們才能看見最耀眼的星星。

如果有一天感覺自己不再快樂了，就去旅行吧！

讓沿途風景和經歷告訴我們關於快樂的祕密。

闖

旅行就像本書，一路上我們慢慢地讀。
因為未知，所以好奇；因為好奇，所以驚喜，
而一路上的所聞所見，都將灑進心中的土壤，
無論是好的壞的，都將在這裡萌芽成長。
最後你所看見的世界，就是你所孕育的那片森林。

幾年前的某個下午，得到了一個機會，當時任職的公司希望我能過去美國一趟，沒有太多的準備，辦好了簽證，拖著一個行李箱和一把吉他，就這樣大搖大擺地闖進了美國流浪。一去就待了好幾個月，這大概是我人生中最瀟灑的一趟說走就走的旅行吧！因為美國在我人生規劃的旅行表中一直不算是很前面的位置，所以不曾太多的去探索它的資訊，但也正因為如此，一路上的見聞總是不斷地推翻我那愚知的既定印象，不斷地發現這陌生城市帶給我的驚喜。

旅行出發前，我們常會不自覺地對某個國家充滿「自我意識的偏見」，在心中默默地描繪那個國家的模樣。被太多的旅遊廣告和資訊沖昏了頭，以為這個國家只有那些為了旅行而旅行的人、事、物，卻忘了試著融入這片陌生的土地，將你對這地方的想像歸零，感受你所經歷到的一切，其實才是這個國家在你心中該有的模樣。長住的這段期間，我也漸漸地用我所認識的方式愛上了加州，這一座城市，擁有太多故事，要花很久很久的時間才聽得完。

無論未來在這世界的哪一個角落繼續生活著，

只希望都還是像從前一樣的堅強。

如果暫時還找不到重新微笑的理由，那就放慢腳步享受這世界，

因為微笑它可能正在來的路上。

其實很多事，你問我也沒有個答案。

想開了自然就會微笑，放下了自然就不會在意，瞭解了自然就會包容。

你愛不愛一個人，你自己知道的。

沒有那麼多曖昧的答案，而一個人愛不愛你、在不在意你，

你是感覺得到的，不要騙自己，也不要勉強自己。

放過他人等於放過自己，放過自己就得到全世界，

不放，你只會失去全世界而已。

相信愛

Love is not cruel. Just for it we are too fragile.

愛情並不殘忍，只是對於它來說我們太脆弱。———— 名言引用

在愛情的面前我們都還是孩子，其實我們從未長大，也還不懂得愛和被愛。一個人一輩子或許可以愛很多次，但傷過之後或許就再也無法癒合，當愛開始出現猜忌與懷疑時，這段關係可能已經開始步向死亡，即使僥倖地存活下來，也可能帶著一輩子的疤痕。正因如此，隨著世界的運轉，每個人對於愛都有自己獨特的見解，因此每個人的心中都有一道牆，只是有的高、有的低。我們都知道，愛情裡沒有對錯，殘忍的人選擇傷害別人，善良的人選擇傷害自己，但是終究傷人傷己。

也許是太懵懂、太衝動，經歷、付出多了，當你開始真正懂得的時候，或許也是開始失去的時候，人往往要等到真正失去後才懂得什麼是珍惜，誰都不例外。走過了那麼多，你只能在心中告訴自己，生命這麼的短，可以放手去愛的日子能有多長？說不定哪天就因為什麼事情而失去了一切；世界那麼大，遇見了不容易，兩個不曾有交集的人，因為有緣才能相識。茫茫人海中，能在一起相愛更是不容易，如果你曾經被傷害過，曾失去過，那就要懂得珍惜。對於人生，我們無法做到完美，盡力就好，剩下的交給命運。我相信，總有一天你會遇上那麼一個人，他會讓你的世界變得有意義，把你當成生命中最重要的那個。

你是什麼人，你便吸引什麼人。所以，你要更美好。
做個愛笑的人，快樂到別人與你相處也會變得更快樂！

愛不能說也聽不到，但當你靠近它的時候就會感覺到了！

微笑吧！為你的曾經擁有

Don't cry because it's over. Smile because it happened.

——Dr. Seuss

不要因為結束而哭泣，微笑吧！為你的曾經擁有。

—— 蘇斯博士

我覺得這世界上並沒有所謂的真命天子或是對的人，只有願意為這段感情真心付出經營的彼此，因為彼此的經營、付出，而創造出了我們生命中那「對的人」。沒有一百分的另一半，只有五十分的兩個人，不是告訴你不要再去相信或期待那個人的出現，只是愛，沒有等出來的美麗，只有彼此建築出來的幸福。

我也曾經相信好像誰就是自己的那個對的人，但是你越去這樣給自己壓力，結束得往往越是狼狽。到最後我們終究還是會發現，時間它不經任何人的同意自動的幫你遺忘了故事結尾的不快樂，那些僅存的回憶無論你怎麼用力地去回想，都只剩下曾經深愛著彼此的證據而已。而這次流下的眼淚不是難過，而是明白了。所以，微笑吧！為你的曾經擁有。

"The prize of all history
is the understanding
of modern times."

Frank K. Crowley

當你不愛的時候理由有很多：忙、累、為你好、不適合。

而當你愛的時候理由只有一個：就是想和你在一起。

真正愛你的人絕不會離開你。

他縱使有千百個理由想放棄，卻也總會找到一個理由堅持下去。

所以，不要作賤自己，他倘若不愛了、離開了，那就讓他走得乾脆一點，
過好你自己就好。

找一萬個理由繼續，不如找一個理由更愛自己一點。

生命的旅程上，無論是夢想還是愛情，不要害怕改變，要害怕的是習慣。

旅行的價值

在旅行面前，我們就像個孩子一樣。
總有走不完的街道，遇不完的驚喜，瞭解不完的故事。

在這一個資訊方便的時代裡，我們對於自己想要前往的下一段旅程幾乎可以說是無所不知，隨時隨地都有唾手可得的最新資訊，不管你是從網路上得知，還是朋友間的分享，漸漸地，我們開始去定義每個國家的「模樣」，以及當地觀光的「標準」。就好比說香港，香港是一個世界著名的購物勝地，在我尚未踏上香港這段旅程之前，我最常聽到的就是「香港很無聊，除了買東西跟吃東西之外還能做什麼？」、「香港，你沒去吃某某餐廳，這樣有算去過香港嗎？」、「不會吧，你去了香港卻沒有在維多利亞港前搭船看夜景？」所以，你開始照著朋友間所敘述的模樣去認識這個國家，照著別人的地圖去探索這個城市。

最後，繞了這城市一圈，證明了旅行的價值，卻忘了旅行中最單純的意義。

多思、多想、多聽、多看、謹言、慎行，

這麼做的好處就是讓自己少一點後悔。

It's up to you what your world looks like.

你的世界呈現出怎樣的面貌，全由你自己決定。

這世界的聲音太多，沒人能一路單純到底，但希望你能保持善良，

願你我被這世界溫柔相待。

獻給所有的你

有時候我也會想，你們是從哪篇文章開始認真讀起的，又是從哪段文字產生共鳴的？成長的一路上，我從來沒有忘記的就是心存感激。所以，這一次我只想跟你們說聲謝謝。有時候因為有了你們的認同與不認同才造就了我這一切的存在。

最後想跟你分享一段話：「有時候即使聽到了不好的聲音，我都會告訴自己學會欣賞自己，活出真實的自己。我們都不是很完美的人，但我們要接受不完美的自己。」一輩子不長，對自己好點。做自己，最美，也最勇敢。

友誼的發生和延續，不是基於外在，而是基於內在。

不是基於交換，而是基於認同。

不是基於容忍，而是基於瞭解。

不是基於心計，而是基於真心。

不完美中的完美

生活總會給你答案，但不會馬上把一切都告訴你。

也正是因為生命中的苦和甜，才能使生命更完整。即使你一無所有，你總還擁有選擇。

我們都不是完美的人，所以除了接受自己，也要接受他人的不完美。

有一部我很喜歡的電影《心靈捕手》裡面有一段話是這樣說的：「她不是完美的，你也不是。人們常以為不完美是壞的。實際上不完美是好東西，它能讓你決定誰能進入你的世界。而兩個不完美的組合卻是完美的。」

尋找一段完美的關係是不太可能的，每個人正是因為自己的不完美才能讓人看見你的完美。因為有了遺憾你才知道什麼是幸福，佛說：「沒有遺憾，給你再多的幸福你也無法體會。」生活上所發生的一切亦是如此，如果碰上了一件事情，你沒有面對並解決它，它繞了一圈還是會再來的。往往就是這樣，它會讓你一次次地去做同一道題目，直到你將它學會為止。生命就像是一種學習，會用某種方式讓你得到體悟。沒有人是完美的，你也是，所以我們盡力就好，我們因為包容了對方的不完美才能領悟不完美中的完美。

你學過的每一樣東西,你遭受的每一次苦難,都會在你一生中的某個時候派上用場。

———— F. Scott Fitzgerald 弗·史考特·費茲傑羅

所以無論此刻多迷惘也要拚了命地堅持,或許在某時某刻產生了生命中無所畏懼的力量,回首這一切,你會笑著說:「這一切都是值得的。」

當你遇見那個人時，你會發現一輩子變得好短。

所以你必須好好地珍惜，因為下輩子不一定能夠遇見！

街頭訪問

旅行途中，我們就像是拼圖板上彎曲獨特的一塊小形狀，單獨走著看似過客，但融合在陌生的國度中，卻也是不可缺少的一塊。
陌生的人群讓我們看見熟悉的自己。
出發去旅行吧！

其實這次來到澳洲有部分還是工作因素，工作的內容很有趣，是要採訪外國人對於「笑容」可以如何改變生活的想法。這段時間為了拍攝「傳遞笑容」這個企劃，一直不斷在澳洲街頭跑來跑去，隨機的採訪，拍攝的過程中，出現了很多挫折，一度真的很想要放棄，不過每當我對著採訪路人說出開場白：「Hi! We come from Taiwan!」的時候，都會有種想要讓全世界看見臺灣的決心；無論當時臺灣連續發生了多少令人震驚和難過的事情，雖然我也會想一起跟著表達憤慨的情緒，只是既然已經有這麼多人在為正義發聲了，這社會可能需要一些平衡。

我想如果快樂跟微笑真的可以傳染，那麼我就更堅定地持續做下去。我們在這個時代或許都不是什麼偉大的人，但我們可以因為認真追求自己的夢想而成就了偉大的自己。面對人生，我們都無法做到完美，盡力就好，剩下的就交給命運。

Ready for a Change?
Start with Smile

Ready for a Change?
Start with Smile

Ready for a Change?
Start with Smile

"Be the change you want to see in the world".

—Mahatma Gandhi

與其抱怨，不如成為那個你心中想看見的改變。——— 甘地

如果不把腳踏出去，
我們可能永遠都不會知道外面的世界有多麼的美。
我想，這就是旅行的意義。

澳洲出發吧！為那說走就走的旅行

我最喜歡的一句話：「一生中至少要有兩次衝動，一次為奮不顧身的愛情，一次為說走就走的旅行。」

有時候我會前往那沒有準備的旅程，像個孩子般地在每個地點想著還可以去哪？或許就跟人生一樣，對於生命的偶然，我們永遠無法做好萬全的準備。說起來似乎一派輕鬆，但那生命中的偶然卻赤裸裸地不斷上演。生活中我們總是找了太多理由去拒絕一切發生的可能性，但若不去嘗試，它將會永遠只停留在可能性而已，不是嗎？不知道此刻的你是否已經過了那所謂年少輕狂的年代，又或者你可以拍著胸脯無憾地說：「我沒有辜負青春。」

有些旅程放著再不出發，可能將永遠無法啟程，就好似夢想一樣，沒有一點點衝動反而難以成行；出發永遠是最美好的一件事，只要你願意，一定能到達，你不跨出那一步，就哪裡也去不了。出發吧！去感受不同的人生，跳脫被慣性眼光束縛的自己，去尋找你曾經幻想過的美景。

為那說走就走的旅行！

Remember, if You never act, you will never know for sure.

記著，如果你永遠不付出行動，那麼你將永遠不會知道結果。
鼓起勇氣昂然向前，或許機遇就在下一秒。
因為人總是在最深的絕望裡，才會看見最美的風景。
我們知道前面的路還很遠，但是一定要一直走下去，
最後世界會因為你的堅持而聽到你的聲音。

幸福是一種心態，不是型態；快樂是一種心態，不是狀態；

年輕是一種心態，不是姿態；微笑是一種心態，不是神態；

明信片

想不想這樣？每到一個地方，花一點時間將自己埋在一個舒適的咖啡廳寫明信片，一些寄給你想念的人，還有一張，寄給自己。

生活在城市裡太久的我們，早已習慣戴著故作堅強的面具，忘了那個因為一句簡單的安慰就可以哭到不行的自己；忘了那個可以為了等待日出日落瘋狂的自己；也想不起那個曾在街上忽然看見彩虹綻放而微笑的自己。旅行對很多人來說總以為是要去尋找另一個自己，但當你放慢腳步，走在路上時才發現，原來只是想起來自己是誰。

無論你在路上為哪一道風景而感動，不要忘了當下的感受。所以從現在開始，到每個國家旅行的時候，寄一張明信片給忘記自己的自己。

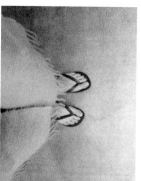

遇到事情記得往內看，往外看是找不到答案。
能力或許只能盡力，但態度是你自己能決定！

勇 氣

一個人的旅行意義在於 ———
記起了一些你不知不覺遺忘的事情；
忘記了一些你早就不該放在心上的事情。

很多人心中都藏有一個說走就走的夢想，做一個不羈的背包客，背上包，瀟灑地出發去旅行；但是每當真的開始準備行動時，就會跑出各種藉口，沒有錢、沒有時間、工作忙、下一次、錢不夠、再等等……結果，時間一過，沒了熱情，少了動力，最後就成了遺憾。我想很多事情都是這樣的，當你真心地想要做，就不再有任何藉口。

對於旅行，在你做出決定並向前邁出第一步的時候，最困難的那部分其實就已經完成了，邁出這步之前你需要的是一點點的勇氣，但常常聽到很多人說：「一個人旅行需要很大的勇氣。」當你踏上未知的旅程時，才會漸漸地在某個國家發現，原來那所謂的勇氣，是這段未知的旅程給你的，也許是突然的一場大雨、一隻在清晨遇見的薩摩耶犬、一道夕陽、一份美食、一個素未謀面的陌生人……

或許我們都是來學習的，無法看透別人，也成為不了別人；

但要記得，我們要努力地向更好的人學習，

在學習模仿的過程中我們才能透過他人看見自己的價值和意義。

或許我們都會抱怨，抱怨人、環境和心情，

希望你能和我一樣將它化為一股力量，才是給自己生活的最佳禮物。

曼谷・放下

你什麼時候放下，就什麼時候自由。

每次到了曼谷都可以感受到濃厚的宗教氣氛，腦子裡也不自覺地想起大約在我十八歲的時候，有個長輩跟我說了一個小故事，從此之後我將它放在心裡。一個老和尚帶著一個小和尚過河，發現河邊也有一名年輕女子正在發愁如何過河，老和尚二話不說，抱起女子就過了河。過河後老和尚放下就走，跟在老和尚後面的小和尚非常納悶，對師父的做法百思不得其解。終於，過了一個山頭，小和尚忍不住問師父：「我們是出家人，你平常教導我不應該近女色，可剛才你怎麼能抱她呢？」老和尚驚訝道：「我已經把她放下了，你怎麼還抱著？」

常常遇到事情的時候會想到這個故事，久了也就習慣是這樣的思維。其實這些小道理我們都懂，如果常常只看事情的表面，心中始終耿耿於懷，最後苦的都是自己；你什麼時候放下，你就什麼時候自由，不是嗎？

想，無論你怎麼做都會有人說，那就讓他去說吧！

歡你的就會喜歡你，不喜歡你的，你在意也不會讓他喜歡你。

人生
就像旅行

仰角 45°的天空

TAIWAN

HOME

有時候我會把快樂分散到很小的事物上，

小到即使搭公車上班也可以感覺到幸福。

活著，還能依自己的意願做自己想做的事，已經夠滿足了。

幸福不在於我們是誰、又擁有了什麼，而在於我們怎麼看待罷了。

仰角 45°的天空

這世界每個角落都有它存在的美，正等待著你去發現。

不知道此刻的你正身處在世界哪一個角落，是不是也為了在忙碌的生活中找尋一點點的呼吸空間，匆匆地走過城市裡的街道，只為了抵達下一個目的地？四年前，爸爸生病了，經過了生活的撞擊之後，少了時間旅行，我開始試著將腳步放慢，沿著自以為熟悉的街道走著，有時候會突然發現，我好像從來沒有仔細地看過這街道的模樣，它的樣子只存在於我的印象之中。就這樣發現原來這個我以為熟悉的地方，其實從來沒有認真地去欣賞過它，生活就是這樣，我們常常在不以為意的狀況下錯失了發現它的機會。所以我開始學會在生活中旅行，走在曾經錯過的途中旅站，發現美麗的邂逅永遠留著，有時候你只需將頭向上45度仰起，或許就會看見美麗的驚喜。

記得，當你開始給生活一點呼吸，生活會帶給你意想不到的風景。

生活中只有一種英雄主義，

那就是在認清生活真相之後，依然熱愛生活。

——— Romain Rolland　羅曼‧羅蘭

每一個追求夢想的人，都有一段沉默的時光，一段只有自己知道的日子，

有時候，付出了很多努力，有時候也忍受了很多的孤獨和寂寞。

夢想這條路，當你踏上後，目的地似乎很遙遠，

過了一段時間之後，可能依然有這樣的感覺，

唯有當你回頭看時，你才會知道自己已經走多遠了。

但也只有你自己知道，當日後說起這段旅途時，

是一段連自己都能被感動的日子。

回家的路上

世界上最美的一段路 ——— 回家的路上。

我是一個在台東出生，從小在鄉下長大的幸福孩子，無論去哪個國家，或是哪個城市，讓我感受到最溫暖的風景，永遠是坐著火車回家的路上。也正是因為這個原因，只要在時間允許的情況下，無論如何，我都要搭火車，不管是在臺灣還是其他國家。搭火車對我來說算是旅行途中的一大浪漫，沿途所見的風景就像一場心靈旅行，試著在短短的時間裡忘記自己前往的目的地，用心和眼睛感受沿途的風景，以及記下看風景時的心情。

想想，人生的旅途上，有多少人會靜下心來欣賞一路上的風景？如果可以，趁我們還可以自由自在行動的時候，抓著夢想，去想去的地方，做想做的事情，現在就去，哪怕搭火車、住背包客棧，享受每段路程，看風景是不變的信念。

Nobody can go back and start a new beginning,

but anyone can start today and make a new ending.

—Maria Robinson

沒有人可以回到過去從頭再來，

但是每個人都可以從今天開始，創造一個全新的結局。———瑪莉‧羅賓森

無論路途有多遙遠，我們都要先從邁出第一步開始！

愛有很多種方式，人的成長給它一次次的定義。

愛其實很簡單、很樸實、很實在。

愛，就是我們自然而然養成的一種生活習慣。

牽著爸爸去旅行

如果你問我有沒有什麼願望？

有！那就是牽著爸爸的手一起去看世界。

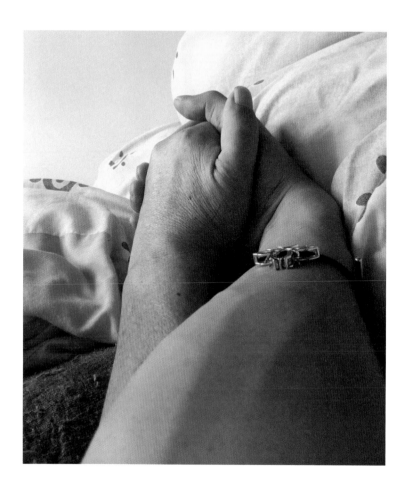

有時候，旅行路上最美的意義，不是沿途風景，而是與你一起看風景的那個人。他可以是你的家人、愛人、朋友，或寵物，甚至只是一個旅途中遇見的陌生人。在爸爸生病之後我漸漸地發現，人在經過了生命的碰撞、離合之後，往往想要的東西不多了，只希望能健康、平安、開心。所以照顧病人的我們，想要的自然也不多，只希望他能健康快樂。這段時間，我每天陪著爸爸睡覺，起床也會牽著他的手陪他去做復健，天氣好時，會帶著他到外頭曬曬太陽。這時腦海突然閃過了一個念頭，我也想在老爸有生之年帶著他環遊世界，在世界各個角落牽著他溫暖的手一起留念。爸爸雖然現在說話已經不清楚了，但我還是能從他握著我的手的溫度裡感受到他想對我說的話！而我想說的其實不多了，只想告訴你：「如果真的還有下輩子，我等不及想再做一次你的兒子。最後我想謝謝你還有力氣陪著我長大，我愛你！」

我想在這段旅途分享一段佳句："Being deeply loved by someone gives you strength, while loving someone deeply gives you courage." 被一個人深深愛著會讓你堅強，而深深地愛一個人會讓你勇敢。無論親情、愛情，還是友情。

希望你們在人生中都能有個堅強及勇敢的理由。

孝順是件天經地義的事情，透過分享我生活裡的每個故事，如果能讓你即時瞭解幸福就在身旁，也會讓你想回家抱抱家人、陪伴家人，這對我來說才是最有意義的事情。我不敢說我可以感動多少人，但即使只有一個人聽完了我分享的故事而願意練習對家人說聲我愛你，那也夠了，把這一點點溫暖分享出去給這個世界就足夠了。

因為在你輕輕抱著你的家人時，你們彼此的心都會是溫暖的。

親情就如同人的健康，

在失去之前，永遠無法意識到它真正的價值。

友情就如同人的心情，

在失控之前，永遠無法意識到它存在的原因。

愛情就如同人的視力，

在失焦之前，永遠無法意識到它盲目的追尋。

獻給所有陪伴在我身邊的家人、朋友和我自己。

愛，是別人在看到你的缺點後，卻仍會守在你的身邊。
友情也好，愛情也罷。
所以請好好珍惜那些還守在你身邊的人！

世界那麼大，遇見了真的不容易。

This is for my father
我會一直陪著你

當父親幫助兒子時，兒子笑了；
當兒子幫助父親時，父親哭了。——猶太諺語
愛要及時，要孝順。
親愛的老爸，我愛你。

一早因為媽媽出門了，下午妹妹要上班，所以我沒辦法出門工作，得待在家
裡照顧爸爸，房裡的老爸其實聽到了我與老媽電話裡的爭執，當我掛上電話
回到房間想安撫老爸的情緒時，他只兇兇地揮手，用很含糊的語氣跟我說不
用管我，我說：「老爸！沒有人怪你，今天如果換作是我躺在床上了，你們
是不是也會在家裡照顧我，沒有人有錯。」這時候老爸才讓我上床抱著他，
我想說緩和一下情緒拍個照片好了……但不知道為什麼拍著拍著，我的眼淚
還是流下來了，爸爸也突然好安靜地躺在我胸懷，一時整個吵雜的台北市都
安靜了，像是送給了我和爸爸溫柔的五分鐘。

在這溫柔的五分鐘裡，我偷偷說了一句：「我會一直陪著你……」

My Father

曾經有段時間，覺得自己就要被生活打敗了。

幾乎快找不到出口的日子裡，無法瞭解為何現實世界裡如此殘酷，

那個時候我對生活這兩個字的定義一直無法找到解釋。

咬著牙度過這跌跌撞撞的路途，才發現其實這所有的一切就是生活。

淡淡的海風

你可以沒有信仰，但是絕對不能不相信自己。

記憶裡依舊清晰記得四年前的某個星期日，那年剛從美國回來，因為離開家有一段時間了，於是在回到台北的第一個週末即興沖沖地搭上火車回台東看家人。每次回去最開心的一件事情就是和家人一起去漁港釣魚，不過這次卻因為趕著回台北工作，必須在星期日的早晨提前搭車回去。不知道為什麼到了車站前，突然有個念頭，決定退掉車票趕去陪老爸釣魚，那天我們沒有太多話就這樣淡淡的吹著海風，那一天我好幸福。而那是你生病的前一個週末，也是我們最後一次去海邊釣魚。這幾年我常在想那個安靜的星期天，和我突然轉意趕去陪你釣魚的念頭。生命真的很奇妙，不管在哪段路程中，心裡總會有個聲音悄悄地告訴你該做某個決定。我想，這或許就是人生吧！一段我們需要不斷練習的人生。

不管有沒有人喜歡，有沒有人愛，我們都要努力做一個充滿愛的人。

不算計也不嘲笑任何人，做自己的夢，走自己的路。

有時，對討厭你的人最好的反擊是，保持微笑和快樂，

因為他們最不希望看到的就是這樣的你。

渺小

天空一無所有，卻能給你安慰；大海一望無際，卻能給你平靜。
所以人的心要像天空一樣寬廣，像大海一樣寬容。

能擁有一段淨化心靈的旅程我想是人人都期望的。我們總是希望能在一片陌生的土地上得到那找尋已久的安慰，像是一種救贖，把在城市裡囤積太多的雜質全部清除。如果可以，希望有一天你能帶著這本書一起踏上下一段心的旅程。在每一段旅行途中，時間若允許，我總會找個時間去一趟海邊，即使沒有下水，也會靜靜地望著眼前一望無際的大海。思考著海的另外一端的世界，可能是你來自的城市，也可能是個陌生的國家。面對這片汪洋大海，感覺到自己好渺小，眼前的這世界依然在運轉，每一個城市裡的人都為了自己大大小小的煩惱正哀怨著、逃避著。試著把視野放寬，心中所有的煩惱都變得那麼微不足道，發現自己只是一個坐在這世界角落的靈魂，把所有的思緒用力地灑向這無邊無際的大海之中，這一刻，想叫就用力地叫，想笑就大聲地笑，想哭就放膽地哭吧！不要因為這世界的虛偽，讓你也變得虛偽了。哭完了，笑完了，記得帶上全新的自己，邁向下一段更好的旅程吧！

這世界上有好多如果，如果還是如果，只要你願意相信自己，
那美好的一天總是會來的。

「You can't start the next chapter of your life if you keep reading your last one.」—名言引用

如果一直你執著於過去，又怎麼能翻開人生的新篇章呢？

練習

無論這世界給了你多少困難，縱有千萬個理由想放棄，
也要為了一個理由撐下去 ——— 你愛的和愛你的。

某天在醫院推著老爸回病房的時候，長廊上有位母親推著輪椅，輪椅上坐著一個看起來很年輕的女生，應該是她的女兒。就在我們彼此擦肩而過時，他們同時凝視著我卻帶著不同的神情。想起平時我推著老爸出外透氣時的畫面，才發現，或許我們每個人在這一世都有著必修的功課。眼前所面對的巨大考驗只有你自己能解決，不管生病的人還是照顧的人，彼此應該要懂得體諒。任何事情都一樣，親情、愛情、友情，我們都在練習做功課，所以沒有人願意去傷害誰、也沒有人願意去恨誰，因為活著的這輩子裡，我們都還在努力地學習。

希望此刻的你，無論遇到了什麼樣的困境，跟我一起暫時把煩惱拋開，用力地去愛你愛的人吧！因為再難也是可以練習的！

不要拿別人的生活跟自己比較，因為別人的鞋子不一定適合自己的腳，
而我們也無法瞭解別人的經歷，只能自己主宰自己的幸福！

Sometimes the right path is not the easiest one.—Grandmother Willow

對的那條路，往往不是最好走的。———《風中奇緣》

美麗國度

如果你隔著眼淚看世界，整個世界都在哭，
但如果你帶著好奇與微笑看世界，走到哪都有驚喜。

不一定要出國才能找尋到那美麗的國度，因為美麗它隨時存在於你身邊，只是你要能去體會。如果一個人無法去發現身邊的美，即使到了美如童話般的國家，也可能是孤獨的。生活裡我們可以學習隨遇而安，跟著自己的腳步走，不要害怕錯過，一路上的你其實已經有收穫。我們的眼睛，總是看外界太多，看自己內心太少，在期待著旅程將帶給你什麼樣的驚喜時，卻忘了自己內心那股正在發酵的力量。所以，從今天開始練習，不再在意他人的情緒和眼光，學著讓自己活得輕鬆，活出自己的態度，並且對未來充滿希望，繼續好好的生活。要知道，當你一直在擔心錯過了什麼的時候，其實你已經錯過了生活的意義。以此回報愛我們的人，也以此回答傷害了我們的人。從今天開始。

那我呢？

十年前，我寫下這本書當作一封給父親的信，想鼓勵生病的他，也想給生活正迎來劇烈改變的自己，再一些堅持下去的力量。

我以為這些被記錄下的文字和照片只是一份我和父親之間的紀念，從沒想過這封信一寫就寫了十年……

我一直都知道這一路走來，自己是為了什麼而努力。為了我所愛的家人而努力、為了讓他們不再為生活擔憂而奮鬥、為了再看見他們臉上的笑容，咬著牙地去拚命，那是我寫下這封信的初衷。但……我似乎快想不起來，在擁有這份初衷之前，我曾為了什麼而活？

「那我呢？」準備重新編寫這本書時，我問了自己這麼一句話，卻陷入了一片空白……

在這份沉思的畫面裡，偶爾閃過一片乾淨的藍天，遷徙的候鳥成群飛過天際，偶有幾隻落單的鳥兒獨自飛翔，我想起了陪著我長大的那片台東的大海。小時候，我常常坐在海濱公園前的堤防上，望向最遠的那條地平線，我想把天空與海之間再看清楚一些，那時候的我經常想著，落單的那隻候鳥如果能奮力的飛越邊界，是不是就真能飛到地球的另一端。

十五歲那年，我站在車站前和父母親道別，獨自來到台北唸書，我和身邊的人說，我想去看看這世界，說著說著就成了口中的夢想。當有人問起我以後想做什麼，我總是和他們說，我想要環遊世界，有些人帶著嘲笑的口氣說：「你英文這麼爛，家裡又沒錢，一天到晚夢想著環遊世界，別笑死人了。」

我說，是他們不懂夢想。

關於《夢想》這本書，一半是寫給我的父親，另外一半則是寫給當時追尋夢想的自己。十九歲開始成為夢想中的背包客後，大約持續了將近四年的時間，那時候的我總覺得夢想就在地球遙遠的另一端，所以我踏上了第一步，深信只要不放棄地持續往前走，終究會走到目的地，哪怕走得再慢，跪著也要走完。於是橫衝直撞地完成了一個又一個想去的地方，可它就像一個永無止境的輪迴，每當抵達一個盡頭，總會有另一個新的遠方，所以我不斷地向外尋找，只為了在某一個遠方找到「我想去看看這世界」的答案。

那年我二十一歲，正當我滿腔熱血、奮力朝向自己夢想中的模樣前進時，住在台東的父親突然生了一場重病，陷入昏迷後再醒來時，腦部中風的影響讓他再也無法自理。我先暫時擱置當時在國外的工作，舉家搬到台北讓爸爸繼續接受治療，妹妹辭去了工作，與母親一起照顧父親，突如其來的龐大開銷

讓整個家瀰漫一股低氣壓；一家四口擠在醫院附近一間三坪大的套房，我扛起了所有家計並告訴自己再努力一點，期盼有天能帶著家人離開這個地方。

大概是從這裡開始，我不再去想像原先的夢想該是什麼模樣，對我來說，能把家人照顧好就是我心中最大的願望。於是我變成了自由接案者，好讓自己能在家一邊工作一邊照顧父親，曾經美好的夢想，光用想得都顯得奢侈；工作賺錢的念頭，已不再是為了環遊世界而努力，只是單純的希望家人可以有個穩定的生活，心中那份夢想，在還來不及完成的路上，早已乘載了不同的重量。

接著，就是你們所認識的那個我，在那些日子裡，我試著寫下自己對於生命變化所帶來的體悟，我一直都知道，那是寫給自己人生最徬徨的時候。

二十五歲那年，有機會能寫下這本《夢想這條路踏上了，跪著也要走完。》送給父親，是因為我想起在他生病時，曾在心裡承諾過自己，無論接下來的日子還有多久，我想在有限的生命裡去珍惜、去愛著，去陪伴與創造屬於我們之間的故事，我想讓自己無論在什麼時候面對別離時，都不再留下遺憾。曾聽人說過，來日並不方長，到了一定的年紀之後，日子開始用減法的方式在進行，見一次面就少一次，但我覺得那樣子想，太悲觀了，如果換個角度重新思考，從意識到「離別」存在的那天起，我們能好好去珍惜生命旅途上

的每一次相聚，在終點來臨之前，或許能不再留下一絲遺憾地學會道別。

這是我在追尋夢想裡踏出的第二步，我發現時間不再只是以線性的軌跡在進行，它是由一連串的發生組合而成，如同一條無規律的軸線，在看似毫無關聯的每個事件之間穿梭著發生，它是不同時間點之間的串連，此刻發生的遺憾也可能是通往數年後圓滿的結果。十年前，寫完這本書的那個深夜，我發現了生命中這條時間軸的運作方式，從追尋夢想的那天開始，我爬過了高山、越過了大海，再穿越洶湧的人群，原來我在尋找的答案並不在遠方，而是在回家的那段路上。

這十年間，我曾在照顧家人的生活之下，試著再去完成當初心中的那份夢想，可出發的那份心情不再是坐在台東海邊堤防上的那個孩子；這封信，寫下了十年的青春歲月，我將最珍貴的那部分寄給了我愛的人，如果十年是一個自我驗收的階段，那我想它是結束，也是開始，我的夢想，在追尋遠方的旅途中也找到了回家的方向。

它讓我理解，圓滿也包含了遺憾，成為自己這件事，包括了你生命中的每一個發生，我依然會望向大海遠方的那條地平線，可我不再擔心落單的那隻候鳥是否真能飛越遙遠的邊界，現在的我才理解，原來我忽略了最重要的一件事，就如同那隻候鳥，我一直都在飛翔的路上，從未停下。

我知道終有飛行結束的一天，無論是否真能找到解答，
心之所向，便是出發的意義。

最安穩的幸福大概如此，還能看著愛的人笑著，便已無所求。

寫自己的故事

記得成為作家後的幾年，曾有位長輩問我：「你都是在寫自己的故事，會不會有一天就沒有故事可以寫了？」

這問題曾經讓我陷入思考，「是啊，我的生命中真的有那麼多故事嗎？而且到底誰會一直想看我的故事啊！」於是我開始觀察周圍不同的人，我想試著寫出「我」以外的人生，可是我發現，每當自己在文字裡試圖去揣摩別人的答案時，往往反射出的是潛藏在我內心的某種意識，只是有些感受在平時被隱藏得比較深，直到情緒開始得到梳理的機會時，才發現它的存在。

幾年前，電影《寄生上流》的導演——奉俊昊，在奧斯卡獲獎時發表了一段感言，給了我不同的啟發。他說在他研讀電影的年輕歲月時，有句讓他銘記在心的話：「最有創造力的作品，來自於最個人的生活體驗。」這段話來自他心目中的偶像，國際知名導演——馬汀·史柯西斯（Martin Scorsese），而當年奉俊昊獲獎時，同樣獲得提名的其中一位導演也有馬汀·史柯西斯。

那時候，我才漸漸明白，我們每個人的故事之所以迷人，是因為那些感受非常真實，那是用生命所鑄造成的作品。每分每秒都正在發生，它的存在具有無可替代的價值，而我們只需要做一件事，那就是好好地說關於自己的故

事，那是這世上唯一無法被複製的寶藏。

回首這十年的創作歷程，我想起無數個讓人印象深刻的讀者的故事，雖然我們的交會總是很短暫，可每次你們臉上真摯的眼神與真誠的傾訴口吻，都給了我許多繼續前行的堅定力量。三年前，我收到了一封讀者的訊息及照片，內容這樣說著——

「哈囉，Peter Su，不知道你還記不記得我，在二〇一四年的簽書會，我當時拿了兩本書給你簽名，一本給自己，一本想給未來的另一半，那時候你幫我寫下這麼一段話：『To 我的另一半：世界那麼大，能遇見了不容易，要珍惜！』

十年前，我帶上你的祝福和這本書，獨自踏上日本展開新生活，這些年來我曾交過幾任男友，每當我想把書送出去時，總覺得還不是時候，就結束了，這本書對我來說，就像給彼此承諾的那只戒指一樣重要。就在去年，我將生命中最重要的書送出去給最重要的另一半了。

十年後的現在，我依然在喜歡的日本生活，而那本書正躺在老公的書架上。謝謝你在我二十歲的人生出現，陪伴我走過，這是一種緣分，能遇見也不容

易，很珍惜，想和你說聲謝謝。」

我看著訊息中夾帶著一張十年前的合照，以及書上我寫的那段祝福的文字，那是我人生第一場簽書會。一陣感動湧上，這突如其來的一封信讓我想起一路走來遇見的每一張臉孔，我是何其幸運能在人生的道路上遇見你們。在臺灣的簽書會上，遇見那位即將遠赴他鄉冒險的大學生；在香港，遇見當年帶著這本書勇敢出發倫敦追尋夢想的女孩，後來又帶著完成夢想的故事飛回來，走到我的面前親口說出這段故事；在馬來西亞遇見的那位叔叔，他帶著失聰的姪女來到了活動，買下這本書想送給她，希望我能寫下一段話，祝福她在未來可以擁有更多的勇氣，叔叔的話還沒說完，眼淚便稀哩嘩啦地流下，我看著眼前沒有太多表情的小女孩，單耳失聰的我似乎能讀懂那個與這世界相隔一層距離的沉默，最後我寫下這麼一段話給她：「接下來這個世界會有很多壞人在迎接著妳，請先別慌，也會有許多愛著妳的人在身邊陪伴著妳，路終究是得自己走的，聽不見的世界只有自己懂，其實妳比誰都還要厲害，因為這世界上有很多事是聽不見的，得用心去看，而且妳已經做到了。」

這一路上還有好多好多故事，來不及說完的我會繼續珍藏在心中，是你們給了我生活的啟發，所以重新出版這本書之前，我決定在網路上募集讀者和這本書的故事，想邀請你們和我一起說出屬於自己的故事。是那些最真實的感

受，讓你如此閃閃發亮，這是真的，我在每一次見到你們時都看見了。
這次就換你們來寫下生命裡的故事。

Letter from Lin
十年前，我在書店被書名所吸引，買下了這本書，當時的我不知道自己的夢想是什麼，只是照著父母的想法念了研究所，然後找一份薪水穩定的工作。《夢想這條路踏上了，跪著也要走完。》這個書名讓我覺得有夢想真好，要是我也知道自己的夢想，我也要那樣壯烈地去追尋。

可現在的我回頭看才發現，我的夢想就只是想找到自己，為自己的每一個選擇負責而已。這一路上的迷惘與尋找，充滿了許多碰撞，如今的我壯麗追夢有成，找到了自己，也找到了熱愛生命的動力。

謝謝你，Peter。

Letter from D
十年前，我為自己許下了一個願望，期許自己能做個對社會有貢獻的人，希望自己能成為社工並幫助更多人；我如願的考上社工系，也在那時看到了《夢想這條路踏上了，跪著也要走完。》這本書，當時看著你分享去清邁做

義工的故事，我對此產生了很大的共鳴，於是我在心裡做了一個決定，有天我也要實現這藏在心中已久，卻一直不敢向任何人提起的夢想——我想到開發中國家當志工。

很幸運的，我的大學班導非常支持學生勇敢追夢，於是我就提了想到柬埔寨做志工的念頭。起初，有十個同學也想一起出發，可討論到最後，有一半的同學認為柬埔寨太落後而選擇退出，接著又碰到了最大的問題，因為團隊人數不足，無法申請教育部補助的經費，於是我和團隊的另外兩位同學硬著頭皮一起到不同科系去招募志工。一開始的招募過程並不順利，一度曾想過要放棄，所幸我們堅持下去，最後也找到了兩位願意加入團隊的夥伴。

接下來長達半年的時間，我獨自和老師討論並執行各項繁瑣的待辦事項，與當地機構聯繫、撰寫教育部的計畫書……等，而其他同學則協助處理經費及活動的設計。還記得當時我曾和一位要好的朋友分享這份喜悅時，卻被對方潑了個冷水，那時候我選擇沉默不答，可我心裡想著，這是我的夢想，我會證明給自己看。在走過了無數個孤軍奮鬥的夜晚，深刻感受到，實踐夢想的過程確實非常的辛苦，卻也是我第一次感到自己踏在了夢想的路上。偶爾累到很想放棄時，翻開了你的書，總帶給我無形的強大力量，我不斷地告訴自己再堅持一下下，儘管此刻有很多人不看好你，但離夢想越來越近，不能現在就放棄。

我們的計畫是提供柬埔寨的鄉下婦女學會一技之長來貼補家用，出發前，我們在屏東找到一位教學藍染的老師，花了兩天的時間向老師學習，並將所有的步驟熟記。回首過去那將近兩百天的日子，我感動的眼角泛淚，因為我終於要踏上這段志工的旅程。在柬埔寨擔任志工的那段時期正逢雨季，儘管每天下著大雨，婦女們仍準時抵達上課的地方，雖然彼此有語言上的隔閡，他們還是認真的學習，真誠的眼神及微笑中，總帶著一股強大的力量，那份身處逆境也不向命運低頭的精神，至今我仍銘記在心。

築夢過程真的不容易，想謝謝你的那趟清邁義工之旅，讓我也能為自己的夢想勇敢一次，即使路上有許多聲音，但你讓我相信，只要再堅持下去，夢想終究會實現。也想謝謝柬埔寨的婦女們，給我上了一堂寶貴的課，讓我更加懂得感恩及知足。

Letter from Jonathan
我曾經的夢想是成為一名歌手，雖然知道這是一個非常遙遠的目標，但我還是盡全力地去追逐。

年輕時，我參加了各種大大小小的比賽，雖然總是和冠軍擦肩而過，卻也開始累積了一些支持我的親友團，可隨著年紀增長，我發現生活的擔子也不能

落下，那時便開始思考該怎樣在追逐夢想的同時，還能在這個現實的社會中存活，後來在一位朋友邀約之下一起去學習正統的歌唱訓練，也就在那時，我找到了平衡夢想與現實的方式，決定成為一名歌唱老師。我努力賺取學費並報考專業的歌唱文憑，最後順利取得了正式文憑，我也與當初一起受訓的朋友開始了我們的音樂教學之路，這是我和他第一次踏上夢想的旅途。然而僅僅兩年的時間，我們在許多意見上出現分歧，才剛小有名氣的我們，最後也因為年輕氣盛的高傲，選擇拆夥。

結束這個音樂教學之後，終究得面對現實，我親自通知每一位學生，告知歌唱教室即將關閉，每當學生問起我是否還有重新開始的可能時，我只能以「未知」作為答覆，每通知一個學生，我的心就如刀割了一下，直到通知完畢，我也被傷得體無完膚。

後來，我不再做任何跟音樂有關的事，即使朋友邀約唱歌慶生，我也選擇拒絕，我只想遠離那些不好的回憶。

直到某天，我哥邀請我在他的婚禮宴席上台唱一首歌，我思考了一個星期後，最後說服自己再次拿起麥克風。彩排的那天，我在高音處出現了不穩定的狀態，對於節奏和拍子也略顯遲鈍，回家的途中，心裡不斷地問自己，曾

經的我跑去哪了？心裡開始產生了不想認命的心情，可我也清楚地知道自己已經沒了當初的那股熱情。

不知道是不是巧合，還是人生的劇本本就如此，當時朋友送了我一本書——《夢想這條路踏上了，跪著也要走完。》，我被這句書名震撼到，我想著，跪著也要走完是多麼酷的一件事！接著，我一字不漏地開始讀起這本書。兩個星期後，我接到了當年歌唱老師打來的電話，在幾句寒暄後，他問了我是否還在唱歌，並拋出了這麼一句話：「你還想在這個領域發展下去嗎？」當時的我因為《夢想》這本書的啟發，勇敢地答應了這個邀約。過了一個星期，我突然接到那位拆夥朋友的電話，電話那頭傳來了爽朗的問候，一陣閒聊後，他想談談重啟這條音樂教學之路的可能。或許是心裡的那份勇氣開啟了重新出發的第一步，我也爽朗的回覆：「好啊，我們到時見！」

回首這段往事，我想感謝最後選擇再次勇敢的自己，也成就了今天擁有自己的音樂小教室，和自己的樂隊，現在我也利用這個教學的機會，讓學生們去義演，為他們創造實戰舞台的經驗。

謝謝這本書，在年少迷失的那段歲月裡拉了我一把！感謝這一路的成長，也感謝這途中有 Peter 的陪伴。

Letter from Stephanie

那時候的我剛離婚。

結婚前，我一直很想去澳洲打工度假，我也希望婚後的另一半能支持自己的夢想，但在雙方父母的傳統觀念之下，只能不斷地看著別人完成那份夢想，而自己則是在為了買房和生孩子而奮戰。時間久了，我和先生彼此的感情和耐心也在這樣反覆的日子中被消耗殆盡，最後，等到我的不是夢想成真，而是對方的外遇。無法接受背叛的我，決定離婚，不等家人理解，我們一個星期內就辦好手續，不拖不欠。

簽字完的那天，我走進了書店，想沉澱自己的心情，無意間看到了這本書，當下就決定買回家閱讀。那時我邊看邊掉眼淚，不斷地問自己為什麼當初不勇敢一點地為自己發聲，於是我決定放下一切去完成心中的夢。雖然已經過了可以申請打工的年紀，但我還是決定留職停薪三個月去澳洲進修語言，體驗當地的生活，讓我回到最初的那個自己，過一個屬於只有我自己的三個月。我在那裡認識了許多來自不同國家的朋友，也重新體驗當學生的日子，在澳洲生活的每一天都很充實，也很滿足。

謝謝這本書，讓我有勇氣踏出這一步，如果沒有看到這本書，我想我永遠都

不知道自己真能踏上實現夢想的這一條路。

Letter from 1303
這封信是寫給十年前的 Peter，還有二〇一九年以及現在的我。

好幾年前，當時正是馬來西亞教育文憑（Sijil Pelajaran Malaysia）的預考期間，我在準備畢業考試時，因為食物中毒而緊急入院，這本書被我塞進了一起打包去醫院的書籍資料中，在醫院大概住了一個禮拜，也在病房裡完成了考試，那時候的夢想是考上生物科學系。當時身處疲憊的身體狀態，同時還要面對原生家庭的問題，日子變得很黑暗，甚至曾有一瞬間想結束生命。可每當我打開這本書時，想起身邊人的愛，還有在我感到如此絕望時，一直不斷出現的聲音，我想那是來自於平行世界或是未來的我，讓我用堅定的意念對自己說：「你可以的。」

後來我考上了想要的科系，在我來吉隆坡念大學的日子裡，這本書總是擺在我的書桌上。二〇一九年，你來新山舉辦簽書會時，我和你說：「謝謝你的書，謝謝你的陪伴。」

二〇二四年再次見到你時，我彷彿在和過去的那個自己說：「你真的有好好

的長大。」見到你，就像和那時候的我揮手，並在此刻完成了一個圓。

我有好好的長大，也完成了當時的夢想，現在依舊繼續前行，或許未來還有許多不確定，但我已經成了勇敢的自己，謝謝你，我們下次再見。

————————

我始終相信，只要故事還沒寫到心目中的美好畫面，那它就還沒結束，希望你也能想起屬於自己的故事，並好好寫下生命中最動人的力量。

謝謝你們這十年來的陪伴，無論途中是哪本書，哪句話陪著你走了過來，你一定要記得，真正讓人如此勇敢的那份力量，是你。

People cry, not because they're weak.

It's because they've been strong for too long.

哭，並不是因為脆弱，只是因為堅強得太久！

很多時候，在成長的路上因為太多的期待，所以我們渴望被認同，

太多的警告，所以我們渴望被擁抱！

所以，哭吧！

你並不懦弱，你只是比他們堅強了久一點！

每次能讓我精準察覺「時光飛逝」的感受，我想都是來自每一天起床和你說的早安，和睡前的那句晚安；每一趟出門前親吻你的臉頰，和旅行回來見到你的那個擁抱。有時候，恨不得可以抓住所謂的時間，好讓我可以再擁有多一點陪伴你的機會。雖然你已經不太能說話，但我懂你的言不由衷，也謝謝你一直以來，懂得我的詞不達意。我想繼續帶你去看更多的風景，去看今年夏天閃閃發光的湛藍大海，還有明年春天山谷裡的美麗花朵，途中偶爾說話也偶爾放空，日子一天天的減少，陪著你的日子就一天比一天重要，你依舊是我生命中最強的靠山，只願我也能成為，你餘生裡的美好。

謝謝你們給予了我生命中那片最蔚藍的海，讓我學會如何揚起柔軟的船帆，堅強地面對一次又一次的挑戰。你們的笑容，是我遠航身後的那座燈塔，是我勇敢前行的信仰。

夢想這條路踏上了，跪著也要走完。
十週年經典新編版

作　　者	Peter Su（Instagram peter825）
封面攝影	莫Mo（Instagram mohftd）
封面設計	Peter Su
責任編輯	劉又瑜

發 行 人	蘇世豪
總 編 輯	杜佳玲
專案管理	張歆婕
美術主編	陳雅惠
社群行銷	莫尚程
編輯助理	陳柔安
法律顧問	李柏洋

出　　版	是日創意文化有限公司
地　　址	臺北市大安區和平東路三段66號2樓
電　　話	02-2709-8126

初版一刷	2024年7月8日
定　　價	450元

國家圖書館出版品預行編目(CIP)資料

夢想這條路踏上了，跪著也要走完。/ Peter Su
作. -- 初版. -- 臺北市：是日創意文化有限公司,
2024.07
　　面；　公分
十週年經典新編版
ISBN 978-626-98479-2-1(平裝)

1.CST: 遊記 2.CST: 世界地理

719　　　　　　　　　　　　　113008093